AF312543

LES NOCES D'OR DE M. AGNIEL

EGLISE DE VIEU-EN-VALROMEY
S.-M.-P

LES
NOCES D'OR

DE M. AGNIEL

CURÉ DE VIEU-EN-VALROMEY (AIN)

LYON

DE L'IMPRIMERIE

ALF. LOUIS PERRIN ET MARINET

Rue d'Amboise, 6

1879

LES

NOCES D'OR

DE M. AGNIEL

Curé de Vieu-en-Valromey

E lundi dix novembre de l'an de grâce mil huit cent soixante-dix-neuf, la paroisse de Vieu a célébré les Noces d'Or de son cher et vénéré Pasteur. Ordonné prêtre le 19 juillet 1829, M. Agniel, après un très-court vicariat à Ville-bois, fut nommé curé à Vieu le 1er juillet 1830,

8

et c'est là que, depuis bientôt un demi-siècle, il exerce son ministère. Cinquantaine de prêtrise et cinquantaine de cure, tel était donc le double objet de cette solennité.

A dix heures du matin, au milieu de ses paroissiens assemblés dans l'église et de dix-huit curés, ses collègues et ses amis, M. Agniel est monté à l'autel et a entonné le *Te Deum*. Après ce cantique d'actions de grâce, le saint Sacrifice a commencé et s'est continué avec l'accompagnement des chants ordinaires du rituel. La bénédiction du Très-Saint Sacrement et le chant du *Magnificat* ont terminé la cérémonie.

Après l'évangile, M. le curé Agniel a prononcé le discours suivant :

Quid est homo, Domine, quòd memor es ejus? Seigneur, qu'est-ce donc que l'homme, pour que vous vous souveniez de lui ?

Oui, mes Frères et mes vénérés Collègues, qu'est-ce que l'homme, pour que Dieu daigne lui accorder seulement un souvenir? L'homme n'est-il pas, comme dit le saint patriarche Job, l'être né de la femme, vivant peu de temps et durant ce court espace, abreuvé de misères? En effet, mes Frères, voilà bien ce qu'est l'homme, par sa condition mortelle et périssable. Mais avec cela, il a autre chose; il a ce que n'ont ni les cieux, ni les astres, ni les anges mêmes, ni les archanges, ni les séraphins ; il a d'avoir été créé à l'image de Dieu : *Faisons l'homme à notre image et ressemblance.* De tous les êtres de la création il n'y a que l'homme à qui ait été dite une telle parole. Il a de plus l'honneur et le bonheur incomparables de compter le Fils unique de Dieu pour frère : *Et verbum caro factum est, et habitavit in nobis.*

Or, par ces deux côtés, cette ressemblance originelle avec Dieu, ce Fils de Dieu devenu Fils de l'homme, nous avons abondamment de quoi attirer les regards de Dieu, de quoi fournir un légitime objet à ses pensées, à ses attentions.

Ne nous étonnons donc point, mes Frères, que Dieu se souvienne de la race humaine et qu'il ne la traite pas en étrangère. Ne nous étonnons point des prodiges de bonté qu'il exerce chaque jour envers elle, des faveurs de toute nature qu'il ne cesse de déverser sur nous depuis le berceau jusqu'à la tombe : *Respicit in imaginem suam et in faciem Christi sui ;* il voit en nous son image et la face de son Christ.

C'est parce qu'il voit son image dans l'enfant qui vient de naître qu'il le régénère dans les eaux du baptême, qu'il l'adopte pour son fils, le fait vivre d'une vie nouvelle, la vie même de Dieu, voir de la lumière dont Dieu voit, aimer de l'amour dont Dieu aime, par la foi et la charité dont il le pénètre.

En sorte qu'on peut dire en vérité avec un grand écrivain et un grand chrétien de notre temps : « que l'homme qui n'a pas essuyé de son front l'eau du baptême, appartient en réalité à l'aristocratie des intelligences et des cœurs : » à l'aristocratie des intelligences, parce qu'il voit de beaucoup plus haut, beaucoup plus loin, beaucoup mieux que les autres, et que ses connaissances sont d'une importance incomparable. Il sait quel Dieu a créé le monde, quel Dieu a racheté le monde, quel Dieu jugera le monde ; il sait comment le monde a été créé, comment il a été racheté, comment il sera jugé.

Les chrétiens seuls ont reçu ces vérités, les chrétiens seuls peuvent les garder, les chrétiens seuls peuvent les communiquer, et il n'y a rien de plus grand.

Tout homme également, qui n'a pas essuyé de son front l'eau du baptême, appartient à l'aristocratie des âmes et des cœurs. Le baptême anoblit tous ceux qui le reçoivent. Il leur communique une admirable aptitude au dévoûment, au courage, au sacrifice, à tout ce qui est grand, généreux et noble.

Et il n'y a point de condition humaine qui contraigne le baptisé de déchoir de son rang.

Il peut garder sa noblesse sous les armes, dans la culture des champs, dans la profession d'artisan, dans les fonctions les plus humbles, comme cela s'est vu dans les soldats de la légion Thébaine, dans saint Isidore, laboureur, saint Théodote, cabaretier d'Ancyre, sainte Zite, domestique, et comme cela se voit encore tous les jours.

Pour être noble, il suffit au fidèle de servir Dieu, de rendre à ses semblables n'importe quel service pour l'amour de Dieu. Plus ces services seront bas et répugnants, plus sa conduite sera noble et lui acquerra d'honneur.

Telle est la part que Dieu fait au plus petit des baptisés. Quoi donc d'étonnant qu'il fasse une part plus grande à ses prêtres?

Le prêtre de la loi nouvelle, mes Frères, est un mystère qui a été caché dans tous les siècles et dans tous les âges, *abscondita sæculis et generationibus*, et que l'archange de l'apostolat, saint Paul, va nous révéler.

Si donc nous en croyons cet apôtre, l'un des disciples qui avaient pénétré le plus avant dans nos mystères, les prêtres de la loi nouvelle ne sont rien moins que « les aides de Dieu, les ministres du « Christ, les dispensateurs des mystères divins : » *Dei sumus adjutores ; sic nos existimet homo ut ministros Christi, dispensatores mysteriorum Dei.*

Vous entendez : les aides de Dieu, les aides de celui qui, pour créer le monde et tout ce qu'il contient, n'a eu besoin de l'aide de personne : *Dixit, et facta sunt ; mandavit, et creata sunt ;* ses aides, lorsqu'il s'agit du monde moral et spirituel, qu'il ne veut élever qu'avec le secours de l'apostolat, avec les bras du ministère sacerdotal, pour réhabiliter l'homme déchu et en faire une nouvelle créature.

Les ministres du Christ : Un ministre, mes Frères, ou ambassadeur, est le représentant d'un potentat, ou souverain de la terre. La considération qui s'attache à sa personne, est d'ordinaire en rapport à la puissance, à la grandeur du souverain de la nation qu'il représente. En quelle considération doit être tenu le prêtre, ministre, ambassadeur du Roi des rois : *Agnus, rex regum, dominus dominantium.*

Il participe à la grandeur de son maître, non-seulement dans le temps ; il est encore prêtre pour l'éternité : *Tu es sacerdos in æternum.* Et c'est à son maître que vont tous les honneurs qu'on lui rend, comme également toutes les injures, toutes les insultes qu'on lui fait.

Les dispensateurs des mystères de Dieu : Oui, mes Frères, nommément des deux grands mystères qui font le plus éclater l'amour infini de Dieu pour les hommes, le mystère de l'incarnation et celui des souffrances et de la mort de son Fils bien-aimé. Comme à Paul, il est donné au prêtre de les annoncer, de les faire connaître aux générations et même de les renouveler l'un et l'autre, chaque jour, au saint Sacrifice de la messe. Chaque jour donc, le dernier prêtre du diocèse fait ce qu'a fait Pierre, ce qu'a fait Paul, ce qu'ont fait tous les apôtres, tous les plus grands, tous les plus saints pontifes, les Athanase, les Cyprien, les Chrysostôme, les Grégoire, les Hilaire, les Ambroise, les Augustin, les Bernard, etc., etc.

Mais jusqu'ici, mes Frères, vous n'avez entendu que le serviteur ; maintenant écoutez le Maître. En trois paroles, il dépeint le caractère sacerdotal :

Vos estis lux mundi : Vous êtes la lumière du monde.

Mais, Seigneur, n'est-ce pas vous qui êtes cette lumière ? n'est-ce pas vous qui avez dit, et de vous que vous avez dit : *Ego sum lux mundi ?* Je suis la lumière du monde ? Et ailleurs : La lumière qui éclaire tout homme venant au monde, *Lux quæ illuminat omnem hominem venientem in hunc mundum ?* Et encore : Je suis la voie, la vérité et la vie, *Ego sum via, veritas et vita ?*

Oui, mes Frères, c'est Jésus-Christ qui est le grand flambeau de la Vérité ; mais ce sont les prêtres, et les prêtres catholiques seuls, qui sont chargés de promener ce flambeau parmi les nations. C'est aux prêtres seuls qu'il a été dit : *Euntes in universum mundum, docete omnes gentes :* allez dans le monde entier et enseignez toutes les nations ; aux prêtres seuls, il appartient d'enseigner la vérité sans morcellement et sans erreur, c'est-à-dire toute la vérité et rien que la vérité.

Le Maître, que dit-il encore ? Il dit : *Vos estis sal terræ ;* vous êtes le sel de la terre. Que veut-il faire entendre par là ? Il veut faire entendre que le monde étant plongé dans les plus profondes ténèbres et dans un abîme de putréfaction, c'est au prêtre qu'est dévolu l'office, la charge de combattre cette corruption et de lui opposer une digue par le sel de la parole divine, jeté sur les plaies, et par la confession : *Quorum remiseritis peccata, remittuntur eis, et quorum retinueritis retenta sunt ;* les péchés seront remis. Que deviendraient tant de malheureuses victimes des passions et de l'erreur sans le secours du ministère sacerdotal ? Quelles vertus fleuriraient sans lui ? L'homme animal comprend-il quelque chose à ce qui est de Dieu ? *Animalis homo non percipit ea quæ sunt spiritus Dei.*

Les prêtres sont donc établis pour être les dispensateurs de la miséricorde de Dieu et de sa justice, les médiateurs entre Dieu et les hommes, et le pont unique par lequel il soit possible de parvenir de la terre au ciel.

Mais d'autre part, je sais, ô mon Dieu, que si vous honorez ainsi le mortel de votre regard, vous l'appelez aussi à entrer en jugement avec vous, c'est-à-dire à être jugé lui-même dans ses œuvres.

Hélas ! mes vénérables Frères, s'il est redoutable pour tous, combien le sera davantage pour nous, qui avons charge d'âmes, cet examen rigoureux de nos œuvres, auquel nul n'échappera ! Pour moi, je l'avoue, à mesure que j'avance vers le terme de la vie, je deviens tremblant et plein de frayeur à la pensée de cette discussion sévère, qui se fera, soit à l'heure de la mort, soit au dernier jour, parmi le bouleversement des cieux et de la terre : *Tremens factus sum ego et timeo, dùm discussio venerit atque ventura ira, quandò movendi sunt cæli et terra.* Et pourtant je me rassure dans la même pensée qui m'effraie, je veux dire, dans cette longue durée de mon ministère.

Sans nul doute, l'œuvre de Dieu y a été bien des fois compromise par la multitude de mes manquements et de mes défauts. Je m'abîme et me confonds à la vue de tous les biens qu'auraient rapportés à cette paroisse une vie plus fervente, une volonté plus généreuse, une ardeur plus soutenue.

Toutefois, mes bien chers Frères, à côté de tant de profondes lacunes, creusées par tant d'imperfections et de misères, dont les effets se sont additionnés pendant un demi siècle, je trouve un précieux soulagement à penser que le peu de bien opéré parmi ce peuple est dû à l'action lente et suivie d'une direction pastorale prolongée. Je sais, et nous en avons des exemples non loin d'ici, qu'il est des natures si énergiquement douées qu'elles savent faire beaucoup en peu de temps; je le sais, et il faudrait se boucher les yeux pour ne pas le voir. Quoi qu'il en soit de ces exceptions, en règle ordinaire, c'est, ici-bas, le temps qui, après la grâce de Dieu, est l'instrument le plus sûr et le plus efficace de tout bien sérieux et solide. Béni soit donc le Seigneur, qui m'a donné de compenser, par la quantité de mes années, ce que chacune d'elles n'a pas apporté de fruit; et merci à la bonté divine d'avoir uni, de prime abord, ma destinée à une chrétienté si attachante, et à de si braves, si dignes confrères.

Auguste Vierge Marie, deux fois patronne de ce peuple bien-aimé, que votre divin Fils a daigné me confier, vos mains m'ont conduit, m'ont soutenu jusqu'à présent tout le long de la route; vous m'avez donné plus d'un gage de votre protection et de votre miséricorde. Maintenant, ô Mère, ne m'abandonnez pas, dans le temps de la vieillesse et de l'âge avancé : *Et usque in senectutem et senium ne derelinquas me.* Gouvernez vous-même ce cher petit peuple, que mes mains, bientôt affaiblies, ne sauraient régir. Vous l'avez béni mille fois, bénissez-le encore, bénissez-le toujours; bénissez, avec non moins de tendresse, tous ces excellents confrères et toutes ces personnes amies, qui me multiplient en ce moment les témoignages de leur affection.

Puisse, mes Frères et mes vénérables Confrères, cette journée être pour vous et pour moi le prélude des jours sans fin dans cette bienheureuse éternité, où il n'y aura plus de temps, mais la possession toujours présente du Dieu que nous aurons aimé et servi. Ainsi soit-il.

A l'issue de la sainte Messe, M. Agniel a offert un repas à ses collègues et à quelques-uns de ses paroissiens ou amis. Cette agape fraternelle s'est passée avec la plus grande cordialité.

A la fin, M. le curé de Lompnieu a chanté la cantate suivante, composée par lui, et dont le refrain, bien vite appris par tous, était répété en chœur :

REFRAIN

Au ciel, à vous, honneur et gloire
Pour les délices de ce jour !
Jour sans second, jour de mémoire,
Sur nos pasteurs luis tour à tour !

I

Ce jour béni du sacerdoce
Brille pour vous — quel heureux sort !
Aussi chez vous, c'est jour de noces,
Justement dites Noces d'Or !

II

Qui le croirait? Déjà dix lustres
Ont disparu dans le passé
Depuis qu'un prélat bien illustre
Prêtre éternel vous a sacré !

III

Oui, quel mortel saurait connaître,
Au témoignage de ses sens,
Qu'ici c'est vous le second prêtre
Ordonné depuis cinquante ans ?

IV

Pour moi jugeant sur l'apparence,
De dire je me sens forcé :
Ces ans comptés de la naissance,
Bon !... j'y consens, mais c'est assez.

V

Deux fois aussi l'an jubilaire
Brilla sur votre pastorat ;
Double raison pour moi, cher frère,
D'entonner un double vivat.

VI

Vivat ! vivat ! la cinquantaine,
Fêtée ici, comme au saint lieu,
N'est pas une marque incertaine
Que longtemps on vit jeune à Vieu.

VII

Vivat ! vivat !... Traits de jeunesse
Laissez-moi mes illusions,
Et sur ce front, froide vieillesse,
Jamais ne trace tes sillons.

VIII

Vivat ! vivat !... Dieu la conserve
Cette pétillante santé
Qu'il vous octroya sans réserve,
Comme on fait à l'enfant gâté.

IX

C'est là l'objet des vœux sincères
Portés naguère au saint autel
Par vos enfants, par vos confrères,
Invoquant pour vous l'Eternel.

X

Vous, son troupeau, peuple fidèle,
Dites les peines, les labeurs
Que pour vous s'imposa le zèle
De cet ami cher à vos cœurs.

XI

Moi, pour chanter son ministère
Et par lui le bien opéré,
Echo de la voix populaire,
Je dis : « Voilà le bon curé ! »

XII

Emu de bonheur, de tendresse,
Vous avez peine à contenir
Vos élans de pieuse ivresse
Traduits en larmes de plaisir.

XIiI

Oui, c'est touchant ! c'est délectable !
De voir des frères réunis
Pour bénir le Maître adorable
Qui comble de biens ses amis.

XIV

C'est ravissant ! inexprimable !
De les contempler tous assis
Autour d'une splendide table
Où tout abonde, hors les ennuis.

XV

Banquets pieux, douces agapes,
Usage d'un lointain passé,
Quand tous les cœurs, toutes les âmes
Ne faisaient qu'un... Ah ! revenez !

XVI

Nous en goûtons ici les charmes,
Bien vénéré pasteur Agniel ;
A vous des jours longs, sans alarmes,
Et puis après, à vous le ciel !

Ici le poëte s'interrompt pour boire à la santé de M. Agniel, et continue en ces termes :

XVII

Ce coup-là m'apaise
Et me reficit,
Mais ne vous déplaise
Hoc non sufficit.
Puisque l'abondance
Hic ridet nobis,
Que l'on recommence
Et faciamus bis.

XVIII

Pontife-Roi, du Christ Vicaire,
Treizième du nom de Léon,
Accueillez le toast, Très-Saint Père,
Que tous ici nous vous portons.

XIX

Ce verre deuxième
Nondum est satis,

Et sans un troisième
Redibit sitis.
C'est toi que j'implore
Care mi frater
Verse, verse encore
Et Bibamus ter.

XX

Barque sacrée, Eglise-Mère
Qui seule nous menez au port,
A vous nos cœurs et tout notre être,
A vous, à la vie, à la mort !

XXI

Ami pour me rendre
Plene contentum,
Ta main sut répandre
Nectar selectum.
Vive un homme aimable,
Cujus cor rectum,
Nous fournit à table
Vinum non mixtum.

XXII

L'enfer pourtant brandit son glaive
Aux bruits de féroces clameurs,
Nous harcelant sans paix ni trève,
Cependant nous sommes sans peur.

XXIII

Oui, oui, sans peur ! oui, oui, sans crainte
Des chevaliers du chassepot !
Occis par eux, c'est la mort sainte,
Glorieux sort des vrais héros.

XXIV

Voyez-vous notre doyen d'âge (1),
D'impatience frémissant,
L'affronter, intrépide otage,
Criant : Je veux verser mon sang !

XXV

Fier confesseur, c'est noble envie,
Mais attendez l'appel divin,

(1) M. le Curé de Songieu.

Et jusqu'alors, je vous en prie,
Gardez le sang, versez le vin !

XXVI

Ta charmante chaîne
Amicitia,
Toujours nous ramène
Cum lætitia.
Sois toute la vie
Nostrum solamen,
Au nœud qui nous lie,
Faveas, Amen !

XXVII

Muse sans frein, Muse ennuyeuse,
De toi chacun est fatigué,
Brise ta lyre et dis, honteuse :
Pardon, Messieurs, j'ai divagué.

Après ces chants, très-goûtés et très-applaudis de l'auditoire, M. Gabriel Perrin, paroissien et ami de M. Agniel, a porté le toast suivant :

MESSIEURS,

Ce matin, à l'église, vous avez fêté le Prêtre ; c'était votre privilége, à vous les collègues dans le sacerdoce de notre cher M. Agniel. Je voudrais maintenant fêter le Pasteur, j'en ai bien quelque droit, étant du troupeau.

Bien convaincu que ce bon Pasteur ne me pardonnerait pas si j'oubliais aujourd'hui ses fils spirituels, je vous propose, dans une même santé, de confondre nos meilleurs vœux pour notre cher Curé et ses paroissiens. Ne savons-nous pas que dans les familles modèles le bonheur des enfants fait la joie des parents ?

Lorsqu'un père voit ses cheveux blanchir, c'est une douce consolation pour lui de découvrir dans ses fils la ferme résolution de conserver intact l'héritage qui leur sera transmis, de ne point diviser le domaine longtemps cultivé en commun et de toujours rester unis pour observer fidèlement ces saines traditions qui sont la force et l'honneur des familles.

Cette joie si légitime, je voudrais la procurer à notre cher Curé en lui faisant entrevoir la perpétuité de son œuvre, la conservation de cette paroisse de Vieu avec son esprit de paix et sa foi éclairée. Oui, puissent vos fils, je veux dire vos paroissiens, recevoir longtemps encore vos précieux enseignements ; puissent-ils bien au-delà se rendre dans le champ que vous avez reçu du père de famille pour y cueillir ces fleurs que vous leur avez fait connaître, ces fruits que vous leur avez fait aimer : les fleurs du Calvaire, les fruits de la charité.

Les convives, qui presque tous avaient un long chemin à parcourir pour regagner leur domicile, durent bientôt se disperser. Mais, avant le départ, chacun tint à s'assurer la possibilité de conserver un souvenir de cette heureuse fête, et on convint que le discours de M. Agniel et les vers de M. le Curé de Lompnieu seraient imprimés et envoyés à chaque invité.

Pour me conformer à ce vœu et perpétuer la mémoire de cette journée, favorisée par un soleil radieux et un ciel sans nuages, je sous-signé, Emmanuel Perrin, ami et paroissien de M. Agniel, ai rédigé et publié le présent compte-rendu.

Assistaient à l'agape :

MM. Bert, curé de Champagne ; Ballivy, curé de Béon ; Jacquet, curé de Brénaz ; Charvet, curé de Charancin ; Gruel, curé de Chavornay ; Vincent, curé de Lochieu ; Tissot-Guerraz, curé de Lompnieu ; Terraz, curé de Passin ; Martin, curé de Ruffieu ; Lancelot, curé de Songieu ; Bonat, curé de Talissieu ; Oriol, curé de Virieu-le-Petit ; Gletton, curé d'Yon ; Vezu, curé de Saint-Martin-de-Bavel ;

Marquis, curé de Virieu-le-Grand ; Dayet, curé de Belmont ; Gouge, curé de Thezilieu ; Gros, curé du Grand-Abergement. — Terret, président du Tribunal civil de Villefranche (Rhône) ; Sainte-Marie Perrin, architecte à Lyon ; Gabriel Perrin, avocat à Lyon ; Emmanuel Perrin, maître de conférences à la Faculté catholique de droit de Lyon.

Fait à Lyon, le 20 novembre 1879.

EMMANUEL PERRIN.

9 782329 521213